Marianne Loibl

Das will ich wissen

Ballett

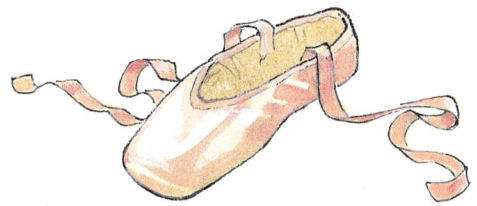

Marianne Loibl

wurde 1967 geboren und tanzt leidenschaftlich gern, seit sie laufen kann. Im
Alter von zehn Jahren fing sie an, erste Geschichten zu schreiben. Marianne
Loibl lebt mit ihrer Familie in München. Als Autorin hat sie mehrere Bücher
veröffentlicht. Am liebsten schreibt sie für Kinder.

Astrid Vohwinkel,

Jahrgang 1969, hat schon in ihrer Kindheit gerne gezeichnet. Ihre Schulhefte
waren geschmückt mit Indianern, Pferden und Rittern. Sie studierte
Grafikdesign an der Fachhochschule Münster und ist seit ihrem Abschluss
freiberuflich für verschiedene Kinder- und Jugendbuchverlage tätig.

1. Auflage 2010
© Arena Verlag GmbH, Würzburg 2010
Alle Rechte vorbehalten
Einband und Innenillustration: Astrid Vohwinkel
Gesamtherstellung: westermann druck GmbH, Braunschweig
ISBN 978-3-401-06056-9

www.arena-verlag.de

Marianne Loibl

Das will ich wissen

Ballett

Mit farbigen Bildern von Astrid Vohwinkel

Inhalt

Lena und die Rattenkönigin

Die Tür zum Umkleideraum fliegt auf. Lena
kommt herein. Sie guckt missmutig drein.
„Wie war heute die Ballettstunde?", fragt Mama.
Lena antwortet nicht. Sie stopft die
Schläppchen in die Balletttasche.
„Hat Marie die Rollen für die Aufführung
verteilt?", fragt Mama.
„Und ob! Und ich bin die Rattenkönigin!", ruft
Lena. Die Balletttasche erntet einen Fußtritt.
„Eine Königin, wie schön! Das ist doch sicher
eine wichtige Rolle", sagt Mama.

Lena stemmt ihre Hände in die Taille.

„Mama! Es ist eine Ratte! Eine Ratte!"

„Und?", fragt Mama harmlos. „Du magst doch
Nagetiere. Erst vor zwei Wochen wolltest du
unbedingt ein Zwergkaninchen. Oder war es ein
Meerschweinchen?"

„Ich tanze diese Rolle nicht! Blöde Rattenkönigin!
Was denkt sich Marie? Ich mag nicht mehr zum
Ballett!", schluchzt Lena los.

„Lass uns erst mal heimfahren", sagt Mama
und nimmt Lena in die Arme.

Am nächsten Tag hat Mama eine Überraschung.
„Schau mal, was ich bekommen habe!"
Sie schwenkt etwas vor Lenas Nase. „Karten für
eine Ballettvorstellung am Samstag, für den
‚Nussknacker'. Und weißt du, was darin
vorkommt? Ganz viele fantastische Figuren,
auch ein Mäusekönig."
Lena schiebt ihre Unterlippe nach vorne.
„Freust du dich gar nicht?", fragt Mama und
lässt die Karten sinken.
„Doch", murmelt Lena. „Aber, aber … ein
Mäusekönig ist doch noch besser als eine
Rattenkönigin. Ihh!"

„Welche Rollen hätte es denn noch gegeben?",
will Mama wissen, während sie für Lena einen
Kakao kocht.

„Das Stück spielt im Mittelalter. Es gibt auch
eine Prinzessin, Edeldamen und Marktleute und
andere Tiere", sprudelt es aus Lena heraus.

Mama stellt die Tasse vor Lena. „Und wie viele
Ratten gibt es noch?"

„Na, die ganze Gruppe", sagt Lena.

„Und du bist die Königin von allen!", ruft Mama.

„Dann tanz doch auch wie eine Königin.
Überzeug das Publikum von deiner
wichtigen Rolle!"

In der nächsten Ballettstunde läuft Lena gleich
zu Marie.

„Ich hab den ‚Nussknacker' gesehen", ruft sie.
„Da gab es einen Mäusekönig! Ich will doch
die Rattenkönigin tanzen. Es ist ja eine wichtige
Rolle!"

„Das kann man sagen", lacht Marie. „Die
Schritte sind gar nicht so einfach. Ich brauche
eine gute Tänzerin für diese Rolle. Ich kann
verstehen, dass du gerne ein Tutu oder ein
Prinzessinnenkleid tragen würdest. Aber alle
in Rosa und Tüll – das wäre doch doof, oder?"

„Wie sehen unsere Kostüme denn aus?",
will Lena wissen.

„Ich habe sie mitgebracht. Ihr dürft heute in
den Kostümen proben", sagt Marie und holt
eine Kiste.
Die grauen Rattenfelle sind flauschig weich.
Lena entdeckt ein Krönchen mit Glitzersteinen.
„Ist das meins?", fragt sie.
Marie nickt. „Jede probiert ein Kostüm an.
Wer keine Ratte sein will und nicht an der
Aufführung teilnehmen möchte, setzt sich
einfach auf die Bank."
Die Mädchen müssen nicht lange überlegen.
Schnell probieren sie die Kostüme an. Wie
lustig sie darin aussehen! Wie schön es ist,
sich darin zu bewegen!

Als der große Tag da ist, kann Lena vor
Aufregung nichts essen. Viele Zuschauer
sitzen im Saal. Sogar ein Mann von der Zeitung
ist gekommen mit seiner Kamera!
Endlich kündigt die lustige Musik den Einsatz
der Ratten an. Plötzlich ist alle Aufregung wie
weggeblasen. Lena tanzt und ist eine
würdevolle Königin.
Dem Publikum gefällt der quirlige Tanz.
Die Mädchen ernten viel Beifall. Mehr als die
Edeldamen.
„Du hast prima getanzt!", loben Mama und
Papa.
„Ich hab's ja gleich gesagt, eine tolle Rolle!",
lacht Lena.

Die Welt des Balletts

Leicht wie eine Feder zur Musik über den
Boden schweben, scheinbar schwerelos auf
den Zehenspitzen tanzen, nach einem hohen
Sprung lautlos wieder auf dem Boden
aufkommen und dabei noch lächeln. All das
können Balletttänzer und es sieht aus, als wäre
es ganz einfach.
Oft wird vom Zauber des Balletts gesprochen.
Sie verzaubert uns wirklich, diese Mischung
aus Anmut und Kraft. Als gäbe es keine
Schwerkraft, die uns auf den Boden zwingt.
Doch was so leicht aussieht, erfordert viel Kraft
und Übung.
Berufstänzer trainieren daher jeden Tag viele
Stunden.
Ihr Ziel ist es, immer wieder das Publikum zu
verzaubern.

Vom Ballo zum Ballett

Im Mittelalter war das Tanzen für die feine Gesellschaft in Italien sehr in Mode. Ballo heißt Tanz, Ballett leitet sich von ballare, tanzen, ab. In Italien wurden Tanzschritte und neue Tänze entwickelt und so die erste Grundlage für das Ballett gelegt. In den Nachbarländern gab es nur Volkstänze oder die höfischen Tänze. König Ludwig XII. von Frankreich brachte von einer Reise aus Italien Schauspieler und Musiker mit. Doch erst König Ludwig XIV. (1638–1715), bekannt auch als Sonnenkönig, liebte den Tanz sehr. Als junger Mann wirkte er sogar selbst in Ballettstücken mit!
Ludwig XIV. gründete eine königliche Tanzakademie. Dort wurden zum ersten Mal die fünf Grundpositionen festgelegt.

Auch die Haltung der Finger und Hände gilt heute noch so, wie damals entschieden. Die Sprache des Balletts ist Französisch. Vieles, was uns heute im Ballett besonders anmutig erscheint, ist im 19. Jahrhundert entstanden. Diesen bestimmten Zeitabschnitt nannte man auch Romantik. Die Tänzerin Marie Taglioni erfand den Spitzentanz, das Tutu entstand und viele Ballette, die wir heute lieben, wurden geschrieben.

Die richtige Ballettschule für dich

Ballettschulen findet man in fast allen Städten. Deine Eltern müssen dich dort anmelden. In einer Probestunde oder einem Schnuppermonat kannst du testen, ob du wirklich Ballett lernen möchtest. Deinem Alter entsprechend, schickt dich deine Lehrerin in die passende Gruppe. Anfangs mag dir vieles fremd oder schwierig vorkommen. Keine Angst! Deine Lehrerin wird dich unterstützen. Tanzen, insbesondere Ballett, erfordert von dir Disziplin und viel Übung und Konzentration. Aber es lohnt sich!

Der Ballettsaal hat meist einen Holzfußboden oder einen Elastikboden – beide geben beim Springen etwas nach. Eine Seite des Raumes ist mit einem Spiegel verkleidet. An der Wand sind Holzstangen (Barren) für das Aufwärmtraining befestigt.

Für den Unterricht an einer Ballettschule muss pro Monat ein fester Betrag bezahlt werden. Günstige Kurse bieten auch Vereine oder Volkshochschulen an. Billiger heißt nicht gleich schlechter! Auch hier müssen die Lehrer eine Fachausbildung nachweisen.

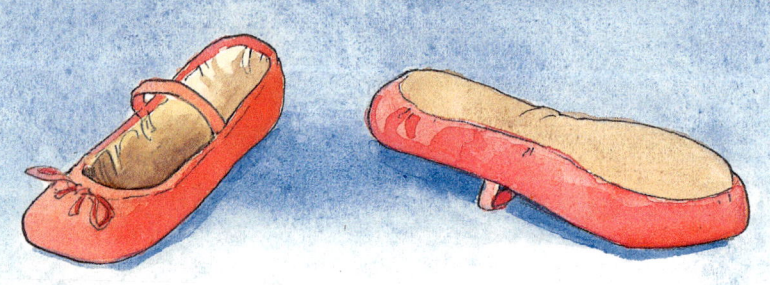

Trikot und Schläppchen

Angemeldet? Dann fehlt nur noch die Kleidung
für den Unterricht. Das Trikot sollte eng am
Körper sitzen. Dazu gehört eine helle
Strumpfhose. Beides ermöglicht der Lehrerin
zu sehen, wie du dich bewegst. Die meisten
Trikots haben kleine Röckchen.
Die Schuhe nennt man Schläppchen.
Sie sind wunderbar weich.
Darin kann man die Füße gut
bewegen, obwohl sie relativ
eng sitzen müssen. Es gibt sie
aus Leder, Leinen oder Satin,
die Sohle ist immer
aus Leder.

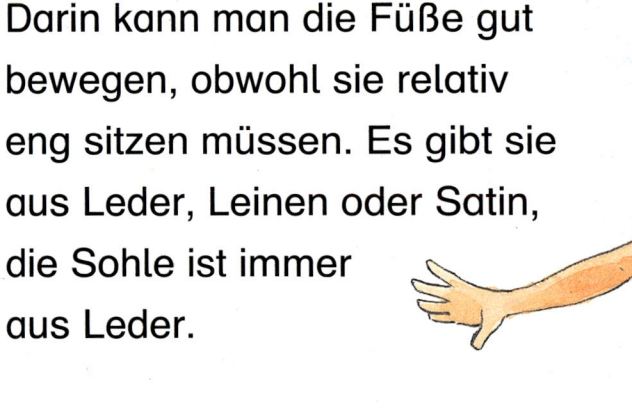

Der Traum vom Tutu

Wie eine Wolke umhüllt das Tutu die Tänzerin.
Das Tutu ist ein Kostüm, das die zauberhafte
Stimmung unterstützen soll, in die uns die
Tänzerin versetzt. Tutus bestehen aus Tüll.
Je feiner der Tüll, desto mehr Tüllschichten
werden benötigt. Mindestens 14 Schichten
werden für ein Bühnentutu verarbeitet. Je mehr
es bestickt wird, desto kostbarer ist das Tutu.

Das Romantiktutu besteht
aus einem langen Rock,
der bis zur Wade reicht.
Das klassische Tutu hat
einen kurzen, über der
Hüfte abstehenden Rock.

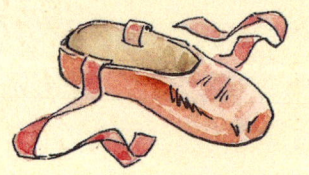

Spitzenschuhe

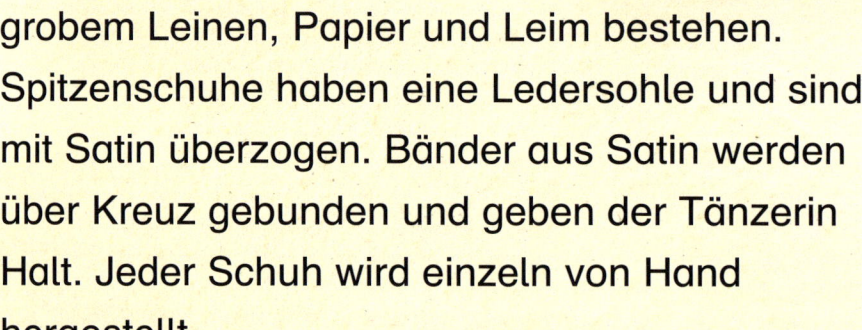

Das Geheimnis der
Spitzenschuhe liegt in den
harten Spitzen, die aus
vielen Schichten Pappe,
grobem Leinen, Papier und Leim bestehen.
Spitzenschuhe haben eine Ledersohle und sind
mit Satin überzogen. Bänder aus Satin werden
über Kreuz gebunden und geben der Tänzerin
Halt. Jeder Schuh wird einzeln von Hand
hergestellt.
Mit etwa elf Jahren können Mädchen
mit dem Spitzentanz beginnen.
Füße und Beine müssen kräftig
genug sein, sonst ist die Gefahr
einer Verletzung zu groß.
Was leicht und schwerelos
aussieht, muss hart
erarbeitet werden.
Doch kaum ein Mädchen,
das nicht die erste Stunde
Spitzentanz herbeisehnt …

Der Ballettunterricht

Der Ballettunterricht läuft immer ähnlich ab.
Das Training ist so aufgebaut, dass die Gefahr
für Verletzungen gering bleibt.
Jede Lehrerin hat ihr kleines Anfangsritual,
mit dem sie ihre Schüler begrüßt.
Begonnen wird mit den Aufwärmübungen,
um die Muskeln zu lockern und zu dehnen.
Warme Muskeln sind bereit
für weitere Übungen.

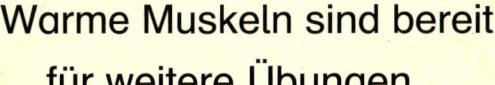

Die fünf Grundpositionen

In jeder Ballettstunde werden die fünf Grundpositionen geübt. Sie sind Grundlage für alle Bewegungen im Ballett. Selbst Profitänzer üben sie täglich.

Die erste Position: Die Fersen berühren sich, die Fußspitzen zeigen nach außen. Die Arme werden leicht gehoben.

Die zweite Position: Die Fußspitzen zeigen nach außen, die Fersen zueinander, zwischen den Fersen bleibt ein Fußbreit Platz. Die Arme werden zur Seite geöffnet.

Die dritte Position: Ein Fuß steht vor dem anderen. Die Ferse des vorderen Fußes berührt die Mitte des hinteren Fußes. Die Zehenspitzen zeigen nach außen. Ein Arm bleibt in der ersten, der andere in der zweiten Position.

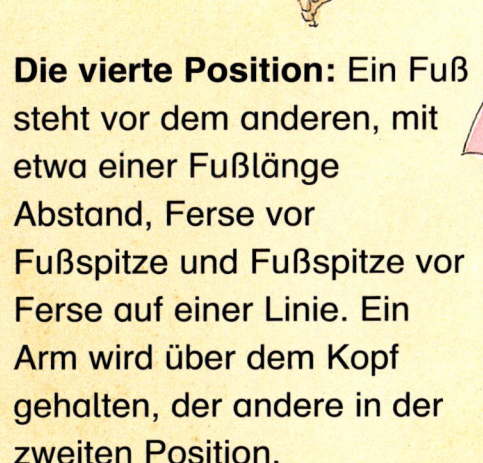

Die vierte Position: Ein Fuß steht vor dem anderen, mit etwa einer Fußlänge Abstand, Ferse vor Fußspitze und Fußspitze vor Ferse auf einer Linie. Ein Arm wird über dem Kopf gehalten, der andere in der zweiten Position.

Die fünfte Position: Die Fußspitzen zeigen nach außen, doch Fersen und Fußspitzen berühren sich. Die Arme werden leicht gebeugt über dem Kopf gehalten.

An der Stange

Nach dem Aufwärmen geht es an die Stange
oder auch Barre. Sie hilft dir, dich bei den
Übungen besser zu konzentrieren und im
Gleichgewicht zu bleiben. Sie ist aber nicht zum
Festklammern gedacht! Du hältst dich entweder
mit beiden Händen oder mit einer Hand daran
fest. Die Hand liegt leicht auf, Daumen neben
Zeigefinger.

Beim Demi Plié stehst du in der ersten Position
so weit von der Stange entfernt, dass die Arme
fast gestreckt sind. Nun die Knie zur Seite
beugen, die Fersen bleiben am Boden! Und
wieder strecken, Knie gerade.

Beim Grand Plié gehst du in eine tiefe
Kniebeuge. Dabei lösen sich die Fersen vom
Boden.

Bei der halben Spitze (Demi Pointe) liegen
beide Hände auf der Stange, die Füße stehen
eng zusammen. Die Knie sind gestreckt. Heb
die Fersen vom Boden ab. Versuche, ruhig
stehen zu bleiben und dann die Hände von
der Stange zu nehmen. Gar nicht so einfach!

Im Raum

In der Mitte des Raumes gibt es
eine Reihe von Übungen, die vor allem
das Gleichgewicht schulen. Das ist für
Tänzer besonders wichtig.

Bei der halben Spitze stehen die Füße
in der ersten Position, die Arme sind
angewinkelt. Schau einen festen
Punkt an der Wand an und geh langsam
auf halbe Spitze. Nicht wackeln!
Auf einem Bein stehen musst du viel üben.
Die Arme in die Taille stemmen,
die Beine gerade, die Füße
nebeneinander.
Jetzt langsam einen
Fuß anheben, bis
die Fußspitze auf Kniehöhe ist.
Wer ganz ruhig dasteht,
kann die Arme zur Seite
öffnen.

Beim Dégagé wird das Gewicht von einem Bein auf das andere verlagert. Ein Bein wird aus der ersten Position mit spitzem Fuß zur Seite gestreckt und dabei nicht belastet. Den Fuß sanft auf den Boden gleiten lassen und belasten. Nun sind wieder beide Füße auf dem Boden und man steht etwa in der zweiten Position. Das Gewicht auf das Bein verlagern, das gerade gestreckt wurde. Dann den anderen Fuß strecken und in die erste Position zurückführen.

Sprünge

Sprünge machen Spaß! Bei Tänzern sollen sie federleicht aussehen und kaum zu hören sein. Daher werden kleine und große Sprünge immer wieder geübt. Anfänger stemmen die Hände dabei erst mal in die Taille.

Beim Elfensprung stehst du mit den Füßen in der ersten Position, Hände in der Taille. Kleines Plié und dann kräftig in die Höhe springen, als wolltest du hinauf zur Decke. Dabei die Beine und Füße in der Luft strecken! Dann leise landen im Demi Plié und wieder in die Höhe springen.

„Über den Burggraben" heißt ein großer Sprung, bei dem du dir vorstellen musst, einen großen Graben zu überspringen. Hände in die Taille stemmen, loslaufen und einen möglichst großen Sprungschritt machen. Dabei die Beine und Füße schön strecken.

Beim Tribbelschritt läufst du schnell durch den Saal und versuchst dabei, den Boden nur auf halber Spitze zu berühren. Halte den Oberkörper dabei ganz gerade.

Wir üben für einen Auftritt

Mindestens einmal im Jahr steht in fast jeder Ballettschule ein großes Ereignis an: eine Aufführung. Alles ist fast so wie bei den Profis, sogar das Lampenfieber. Vor Publikum zu tanzen, ist sehr wichtig. Es stärkt dein Selbstbewusstsein und Ziel des Tanzes ist, die Zuschauer zu verzaubern. Damit das gelingt, probt die Ballettlehrerin intensiv mit euch. Sie verteilt auch die Rollen. Denk daran, nicht jeder kann die Hauptrolle tanzen. Ein Ballett wird erst durch viele Figuren lebendig!

Die Aufführung wird schrittweise eingeübt. Meist gibt es ein oder zwei Gesamtproben. Hier tanzen die verschiedenen Gruppen zum ersten Mal miteinander. Das Gesamtballett entsteht. Dann folgt die Generalprobe – mit den Kostümen. Hier sollte alles schon gelingen. Dann kommt der große Tag. Herzklopfen vor dem Auftritt! Endlich der Einsatz. Alles hat wunderbar geklappt, sogar das Lächeln hast du nicht vergessen. Du hast viel Beifall bekommen. Tanzen vor Publikum ist einfach toll!

Tänzer werden?

Ballett ist ein Hobby,
das dein Leben sehr
bereichern kann.
Du lernst, deinen Körper
gerade zu halten, dein
Gleichgewichtssinn wird geschult.
Gelenke und Muskeln werden trainiert,
auch deine körperliche Fitness und deine
Konzentration. Und es macht Spaß – eine
gelungene Kombination also für ein Hobby.
Vielleicht möchtest du aber eines Tages auf
einer großen Bühne stehen? Wenn du den
Willen dazu hast und das nötige Talent, wende
dich an eine professionelle Akademie. Dort gibt
es jedes Jahr Aufnahmeprüfungen. Fachleute
entscheiden, wer sich für die harte und
anstrengende Ausbildung zum Tänzer eignet.

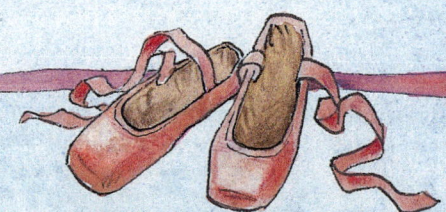

Die Balletttruppe

Damit eine Ballettaufführung zu einem unvergesslichen Erlebnis wird, müssen viele Leute daran arbeiten, meist über viele Wochen hinweg. Eine Balletttruppe wird oft auch als Ensemble bezeichnet. Jeder Einzelne in dieser Gruppe ist wichtig.

Manchmal bieten die Theater einen Tag der offenen Tür an und lassen dich einen Blick hinter die Kulissen werfen. Dann siehst du selbst, wie Masken-, Kostüm- oder Bühnenbildner arbeiten. Oder wie es in den Garderoben der Tänzer aussieht.

Choreograf und Ballettmeister

Ein Choreograf hat die Aufgabe, Tanzschritte passend zur Musik zu entwerfen. Er denkt sich aus, wie die Darsteller die Musik am besten mit Gesten ausdrücken. Am Ende steht ein komplettes Ballettstück.

Der Ballettmeister leitet das Training einer Balletttruppe. Er sucht passende Tänzer aus, wenn es sein muss auch neue Bewerber. Auch die Probenpläne schreibt er und er studiert die Aufführung ein bis zur Generalprobe.

Beide Berufe sind ausschließlich für ehemalige Tänzer geeignet.

Kostüm- und Bühnenbildner

Die Kostümbildner pflegen die vorhandene
Theatergarderobe. Darunter sind oft wertvolle
Stücke! Wird z. B. ‚Schwanensee' aufgeführt,
passt man die Kostüme den entsprechenden
Tänzerinnen an. In besonderen Fällen werden
teure neue Kostüme entworfen und genäht.
Bei aufwändigen Kostümen helfen die Kostüm-
damen den Tänzerinnen beim Ankleiden, denn
der Wechsel muss manchmal schnell gehen.
Bühnenbildner entwickeln die Kulissen für
die Aufführungen.

Gruppentänzer und Solotänzer

Wer träumt nicht davon, einmal ein großer Bühnenstar zu werden? Zunächst aber muss man die Ausbildung schaffen. Dann gilt es, in eine Balletttruppe aufgenommen zu werden – als Gruppentänzer oder -tänzerin. Bei Aufführungen tanzt man manchmal ganz weit hinten, mal ein bisschen weiter vorne, vielleicht sogar in der ersten Reihe. Irgendwann kommt die erste kleine Solorolle. Dann spricht man von einem Solotänzer. Je öfter und erfolgreicher Solorollen getanzt werden, desto mehr Beachtung findet eine Tänzerin oder ein Tänzer.

Die Primaballerina

Diese Bezeichnung erhält eine Tänzerin, wenn sie große Solorollen übernimmt, etwa die Aurora in Dornröschen. Solche Rollen fordern eine Tänzerin heraus; sie sind sehr anstrengend, jede große Rolle auf ihre Weise. Diese Tänzerinnen bezeichnet man als Primaballerinas. Sie sind technisch perfekt und tanzen mit so viel Anmut, dass wir eine Aufführung lange nicht vergessen können.

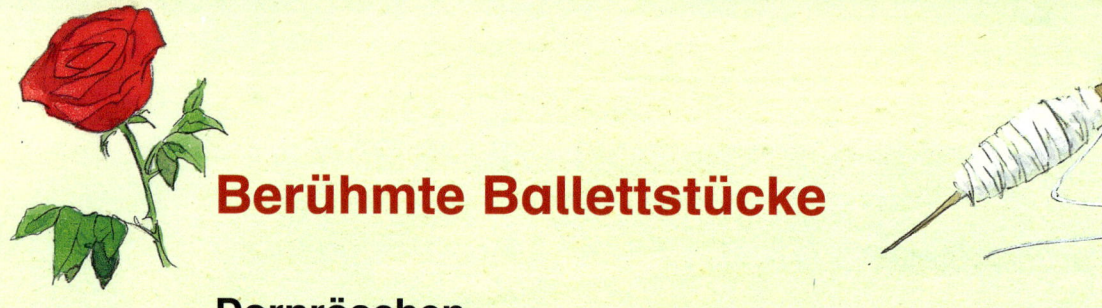

Berühmte Ballettstücke

Dornröschen

Prinzessin Aurora wird getauft und sechs gute Feen sind eingeladen. Als sie ihre Gaben überbringen, erscheint die böse Fee Carabosse. Sie ist verärgert, weil sie nicht eingeladen wurde, und verwünscht die Prinzessin: An ihrem 16. Geburtstag soll sie sich mit einer Spindel in den Finger stechen und sterben. Die letzte gute Fee hat ihren Wunsch noch nicht ausgesprochen und kann den Fluch mildern: Die Prinzessin wird nicht sterben, sondern tief schlafen. Nur der Kuss eines Prinzen kann sie wecken.

An ihrem 16. Geburtstag sticht sich Aurora tatsächlich an einer Spindel. Der Fluch hat sich erfüllt! Alle im Schloss fallen in einen tiefen Schlaf.

Hundert Jahre später sind hohe Rosenhecken um das Schloss gewachsen. Der Prinz Désiré hat gehört, dass hier eine wunderschöne Prinzessin schlafen soll. Mit seinem Schwert bahnt er sich den Weg durch die Dornen. Er findet Aurora und küsst sie. Aurora erwacht und mit ihr alle Bewohner des Schlosses. Die Prinzessin und der Prinz heiraten.

Schwanensee

Prinz Siegfried wird volljährig. Auf einem
Festball soll er sich seine Braut aussuchen.
Am Abend vor dem Ball geht er mit Freunden
zum Jagen. An einem Waldsee sieht er Schwäne
im Mondlicht. Der Prinz will auf die Schwäne
zielen; da verwandeln sie sich in junge Mädchen!
Eines davon ist Prinzessin Odette. Der böse
Zauberer Rotbart hat sie und ihre Gefährtinnen
verzaubert. Nur kurze Zeit im Mondlicht dürfen
sie Menschengestalt annehmen. Und nur wahre
Liebe kann diesen bösen Zauber brechen.
Von Odettes Schönheit hingerissen,
 verspricht Siegfried, Odette
  ewig zu lieben.

Am nächsten Abend auf dem Ball erscheint ein
Fremder mit einem bezaubernden Mädchen,
das Odette sehr ähnlich sieht. Es ist Rotbart mit
seiner Tochter Odile. Prinz Siegfried wählt
Odile. Erst dann bemerkt er den Betrug.
Er eilt zum See und sieht die Schwäne ziehen.
Odette vergibt ihm, doch sie bleibt ein Schwan!
Da stürzt sich Siegfried verzweifelt in den See.
Damit beweist er seine große Liebe und der
böse Zauber Rotbarts ist gebrochen.

Der Nussknacker

Zu Weihnachten bekommt die kleine Klara von ihrem Onkel Drosselmeyer einen Nussknacker, über den sie sich besonders freut. In der Nacht schleicht sich Klara zu ihrem Nussknacker.

Da kriechen aus dunklen Ecken plötzlich riesige Mäuse hervor, die sie angreifen wollen.

Der Nussknacker wird lebendig und kämpft mit Klara gegen den Mäusekönig. Gemeinsam besiegen sie ihn und der Nussknacker verwandelt sich in einen Prinzen. Er lädt Klara ein auf eine Reise ins Reich der Schneekönigin und ins Reich der Süßigkeiten.

Die Zuckerfee zeigt Klara zu Ehren
wunderschöne Tänze aus dem Reich der
Süßigkeiten. Dazu gehört der Tanz der
Zuckerfee, der Tanz der Schokolade, der
russische Tanz und zuletzt der Blumenwalzer.
Plötzlich aber erwacht Klara in ihrem Bett.
Alles war nur ein schöner Traum.

Giselle

In einem kleinen Dorf lebt die junge Giselle mit
ihrer Mutter. Sie tanzt für ihr Leben gern und ist
in Loys verliebt. Loys ist eigentlich Herzog
Albrecht und gibt sich nur als Bauer aus, weil
er sich in Giselle verliebt hat. Denn als Herzog
dürfte er nichts mit ihr zu tun haben.

Auch der Wildhüter Hilarion ist in Giselle
verliebt. Er bricht in Loys' Haus ein und findet
in einer Truhe einen Samtumhang und einen
silbernen Degen. Hilarion entlarvt Loys als
Lügner.

In ihrem Schmerz tanzt Giselle, bis sie vor
Erschöpfung tot zusammenbricht. Ein paar
Nächte später gehen Hilarion, aber auch
Herzog Albrecht voller Trauer in den Wald.
An einem See erscheint ihnen Giselle. Sie ist
im Reich der geisterhaften Wilis und tanzt mit
ihren beiden ehemaligen Verehrern.
Dabei ertrinkt Hilaron im See. Bevor Giselle für
immer ins Reich der Wilis zurückkehrt, schenkt
sie dem erschöpften Albrecht eine Rose als
Zeichen ihrer Liebe.

Glossar

Hier kannst du wichtige Begriffe aus dem Ballett nachlesen. Die meisten Wörter haben ihren Ursprung in der französischen (f) oder der italienischen Sprache (i).

Adagio (i): Gemächlich, eine Tanzfolge wird langsam ausgeführt.

Arabesque (f): Pose mit gestrecktem Bein, das weit nach hinten geführt wird

Balance (f): im Gleichgewicht bleiben

Barre (f): Stange, also die Holzstange an der Wand eines Ballettsaals für das Training „à la barre", an der Stange

Dégagé (f): Der Tänzer verlagert sein Gewicht von einem auf das andere Bein.

Demi (f): halb; Demi Plié – halbe Kniebeuge, Demi Pointe – halbe Spitze

Glissade (f): Gleitschritt

Grand Jeté (f): Ein großer Schrittsprung, der aussieht wie ein Spagat in der Luft

Pantomime: die Kunst, Gefühle und Stimmungen ohne Worte nur mit Gesten und Bewegungen auszudrücken

Pas de deux (f): Tanz für zwei. Der Pas de deux der Hauptdarsteller ist oft der Höhepunkt eines Balletts.

Pirouette (f): Drehung einmal um sich selbst

Plié (f): Beugen des Beines oder beider Beine

Tendu (f): gestrecktes Bein

Tutu (f): Ballettröckchen aus mehreren Tüllschichten bis zum Knie (Romantiktutu) oder ganz kurz (klassisches Tutu)

Das will ich wissen

978-3-401-06063-7

978-3-401-06040-8

978-3-401-05862-7

Im alten Griechenland

Das Wetter

Piraten

Die Wurzeln unserer Kultur liegen im alten Griechenland! Sind die Griechen doch die Väter unserer Demokratie und die Olympischen Spiele verbinden heute die Völker. Hier erfahren Schülerinnen und Schüler alles Wichtige über diese antike Gesellschaft.

Das Wetter geht uns alle an. Aber wie entstehen Wind und heftige Stürme? Wieso fällt mal Regen, mal Schnee und mal Hagel? Warum regnet es an dem einen Ort zu viel und anderswo zu wenig? Dieses Buch gewährt uns einen spannenden Einblick in die faszinierende Wetterküche unserer Erde.

Waren die Piraten wirklich wilde Kerle? Wie wurde man Pirat? Und was spielte sich auf dem Piratenschiff ab? Dieser Band erzählt von Abenteuern und vom Alltag der Piraten und macht Wasser- wie Landratten mit den berühmtesten von ihnen bekannt.

Weitere Titel der Reihe »Das will ich wissen«:

<table>
<tr><td>Das alte Ägypten
ISBN 978-3-401-05745-3</td><td>Fußball
ISBN 978-3-401-05903-7</td></tr>
<tr><td>Wie ein Baby entsteht
ISBN 978-3-401-05372-1</td><td>Indianer
ISBN 978-3-401-05812-2</td></tr>
<tr><td>Die Polizei
ISBN 978-3-401-05723-1</td><td>Pferde
ISBN 978-3-401-05904-4</td></tr>
<tr><td>Dinosaurier
ISBN 978-3-401-05765-1</td><td>Die Ritter
ISBN 978-3-401-05860-3</td></tr>
<tr><td>Im Dschungel
ISBN 978-3-401-05817-7</td><td>Die Steinzeitmenschen
ISBN 978-3-401-05619-7</td></tr>
<tr><td>Fahnen und Flaggen aus aller Welt
ISBN 978-3-401-05887-0</td><td>Sterne und Planeten
ISBN 978-3-401-05861-0</td></tr>
</table>

Jeder Band:
Ab 6 Jahren. Gebunden
www.arena-verlag.de